Whitney Woo y ella 2 Estómagos

Spanish

Marcy Schaaf

Whitney Woo and Her 2 Stomachs

Marcy Schaaf

Introduction:

Welcome to the whimsical world of Whitney Woo and her two magical stomachs! In this delightful tale, you'll follow the adventures of Whitney, a girl with an extraordinary secret that brings joy and laughter to her everyday life. With her love for desserts and a clever trick up her sleeve, Whitney teaches us all an important lesson about being true to ourselves and finding the perfect balance between fun and responsibility. So come along and join Whitney on her journey filled with giggles, sweetness, and plenty of surprises!

Introducción:

¡Bienvenido al fantástico mundo de Whitney Woo y sus dos estómagos mágicos! En este encantador cuento, seguirás las aventuras de Whitney, una chica con un secreto extraordinario que trae alegría y risas a su vida cotidiana. Con su amor por los postres y un astuto truco bajo la manga, Whitney nos enseña a todos una importante lección sobre cómo ser fieles a nosotros mismos y encontrar el equilibrio perfecto entre diversión y responsabilidad. ¡Ven y únete a Whitney en su viaje lleno de risas, dulzura y muchas sorpresas!

Once upon a time, in a cozy little town,
Lived a girl named Whitney Woo, who
never felt down.

Érase una vez, en un pequeño y acogedor pueblo, vivía una niña llamada Whitney Woo, que nunca se sentía deprimida.

Whitney was bubbly, with long brown hair,
And a smile that could brighten the gloomiest lair.

Whitney era alegre, con largo cabello castaño y una sonrisa que podía iluminar la guarida más lúgubre.

She had a secret, quite strange but so neat,
Two stomachs inside her, one for dinner, one for sweets.

Tenía un secreto, bastante extraño pero muy ordenado, dos estómagos dentro de ella, uno para la cena y otro para los dulces.

DINNER STOMACH

DESSERT STOMACH

CENA ESTÓMAGO

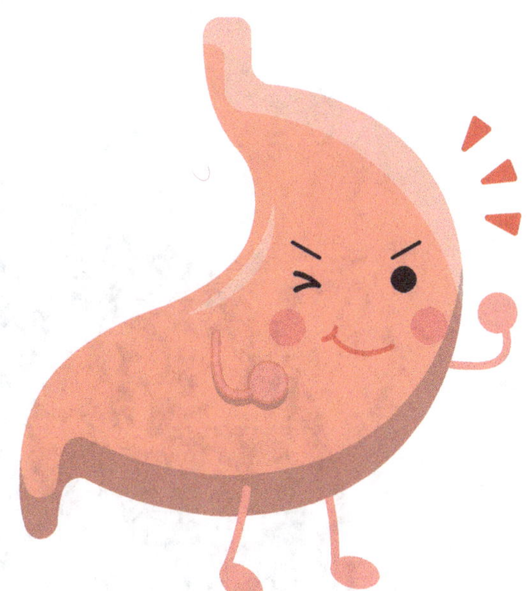

ESTÓMAGO DE POSTRE

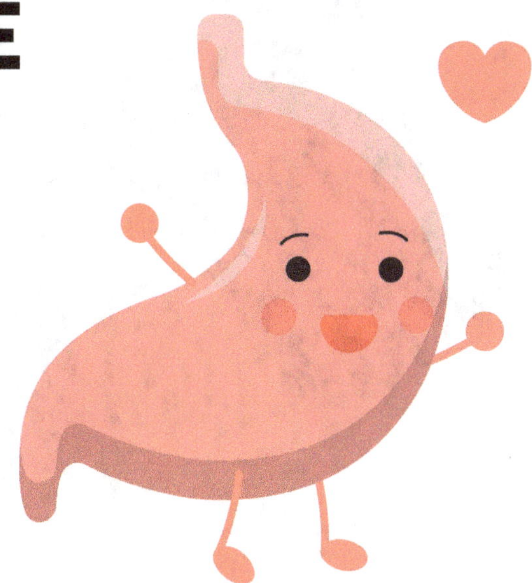

At dinner time, her plate piled high,
With veggies and meats that made her
sigh.

A la hora de cenar, su plato estaba repleto de verduras y carnes que la hacían suspirar.

But Whitney had a trick, a sly little ploy,
She'd take a small bite and then jump with joy.

Pero Whitney tenía un truco, una pequeña estratagema astuta. Le daba un pequeño mordisco y luego saltaba de alegría.

"My dinner stomach's full," she'd exclaim with glee,
"But my dessert stomach's empty, can't you see?"

"Mi estómago para la cena está lleno", exclamaba con alegría, "pero mi estómago para el postre está vacío, ¿no lo ves?"

Her mom would chuckle, knowing her game,
But she'd let her indulge, without any shame.

Su madre se reiría entre dientes, sabiendo su juego, pero ella la dejaría complacerse, sin ninguna vergüenza.

So off to dessert, she would prance and
dance,
With visions of chocolate and caramel's
sweet trance.

Entonces, hacia el postre, ella hacía cabriolas y bailaba, con visiones del dulce trance del chocolate y el caramelo.

Ice cream, cake, cookies galore,
Whitney loved desserts, that's for sure!

Helado, pastel, galletas en abundancia, a Whitney le encantaban los postres, ¡eso es seguro!

But one day at dinner, her mom served a
surprise,
A plate of broccoli, right before her eyes.

Pero un día, durante la cena, su madre le sirvió una sorpresa: un plato de brócoli, ante sus ojos.

Whitney wrinkled her nose, feeling a little
dismayed,
But she knew what to do, her trick
wouldn't fade.

Whitney arrugó la nariz, sintiéndose un poco consternada, pero sabía qué hacer, su truco no se desvanecería.

"My dinner stomach's full," she tried to protest,
"But my dessert stomach's empty, I must confess!"

"Mi estómago para la cena está lleno",
intentó protestar, "¡pero mi estómago
para el postre está vacío, debo confesar!"

Her mom just smiled and shook her head,
"Whitney dear, it's time for you to be fed."

u madre simplemente sonrió y sacudió la cabeza:
"Querida Whitney, es hora de que te alimentes".

With a sigh and a shrug, Whitney dug in,
Surprised to find broccoli wasn't such a
sin.

Con un suspiro y un encogimiento de hombros, Whitney profundizó. Sorprendida de descubrir que el brócoli no era tal pecado.

As she finished her meal, feeling content and light,
She realized something important that night.

Cuando terminó su comida, sintiéndose contenta y ligera, se dio cuenta de algo importante esa noche.

Having two stomachs was fun, that was true,
But enjoying dinner was important too.

Tener dos estómagos era divertido, eso era cierto, pero disfrutar de la cena también era importante.

From that day forward, Whitney made a vow,
To give dinner a chance, to her mom's delight and wow.

A partir de ese día, Whitney hizo la promesa de darle una oportunidad a la cena, para deleite y sorpresa de su madre.

She still loved desserts, with all her heart,
But now she knew balance was a crucial part.

Todavía amaba los postres, con todo su corazón, pero ahora sabía que el equilibrio era una parte crucial.

So whether it was broccoli or a slice of pie,
Whitney learned to eat well, giving each meal a try.

Entonces, ya fuera brócoli o un trozo de pastel, Whitney aprendió a comer bien y probó cada comida.

And though she still giggled at her two-stomach trick,
She knew dinner time was no longer a pick.

Y aunque todavía se reía de su truco de los dos estómagos, sabía que la hora de cenar ya no era una elección.

The lesson she learned, simple but wise,
To be a happy, healthy kid, no need for disguise.

La lección que aprendió, simple pero sabia: Para ser una niña feliz y saludable, no es necesario disfrazarse.

So let's all be like Whitney, joyful and free,
Embracing our quirks, with a giggle and
glee.

Así que seamos todos como Whitney, alegres y libres, aceptando nuestras peculiaridades, con risas y alegría.

Whether you have one stomach or maybe even two,
Remember to enjoy dinner, and dessert too!

Ya sea que tengas un estómago o incluso dos, ¡recuerda disfrutar de la cena y también del postre!

For life is too short to fret and to fuss,
Just be yourself, and that's enough for us!

Porque la vida es demasiado corta para preocuparnos y preocuparnos. ¡Sé tú mismo y eso es suficiente para nosotros!

With that, our tale of Whitney Woo comes
to an end,
But her spirit lives on, as a message to
send.

Con eso, nuestra historia de Whitney Woo
llega a su fin, pero su espíritu sigue vivo,
como un mensaje para enviar.

So here's to being kids, wild and carefree,
With hearts full of laughter and
imaginations set free.

Así que brindemos por ser niños, salvajes
y despreocupados, con el corazón lleno de
risas y la imaginación liberada.

And if you ever feel like you've got two stomachs inside,
Just remember Whitney Woo, and let your joy be your guide.

Y si alguna vez sientes que tienes dos estómagos adentro, recuerda a Whitney Woo y deja que tu alegría sea tu guía.

For in the end, what truly matters most,
Is being true to yourself, from coast to coast.

Porque al final, lo que realmente importa es ser fiel a uno mismo, de costa a costa.

So thank you, Whitney, for teaching us this,
To embrace our uniqueness, and find moments of bliss.

Así que gracias, Whitney, por enseñarnos esto: abrazar nuestra singularidad y encontrar momentos de felicidad.

And now it's time to say goodbye, with a smile on our face,
Until we meet again, in another magical place!

Y ahora toca decir adiós, con una sonrisa en el rostro, ¡Hasta que nos volvamos a encontrar, en otro lugar mágico!

The end.

El fin.

Books By Schaaf

www.BookBySchaaf.com

Find us at: